MARIE-P

CW01494385

Marie Curie

*Illustrations
de Véronique Ageorges*

MONDE EN **POCHE / NATHAN**

Collection dirigée par Daniel Sassier

Une femme d'aujourd'hui

En 1891, Marie Slodowska a 24 ans. Elle quitte son pays, la Pologne, car les universités y sont fermées aux femmes. Or, Marie est passionnée par les sciences et elle veut faire des études supérieures. Elle arrive donc à Paris, inconnue de tous, comme beaucoup d'autres étudiants étrangers.

En 1903, Marie est devenue l'une des femmes les plus célèbres du monde. Avec son époux, Pierre Curie, elle participe à la grande révolution des sciences physiques. Un prix Nobel vient récompenser leurs recherches, leurs découvertes.

Jusqu'à sa mort, en 1934, Marie Curie se lance dans d'innombrables activités. Elle poursuit ses travaux, organise et dirige des laboratoires, assure un enseignement à la Sorbonne, crée les premières voitures radiologiques, voyage à travers le monde entier, donne des conférences... et n'oublie pas pour autant son rôle de mère de famille. Cette vie exceptionnelle vous paraîtra aussi très moderne, très actuelle.

Et voilà pourquoi, aujourd'hui encore, Marie Curie n'a pas fini de faire parler d'elle !

Bicyclettes et rayons X

Nous sommes en 1895. Le XIXᵉ siècle s'achève. Dans tous les domaines, les inventions se multiplient, annonçant déjà celles de notre époque.

En 1895, justement, un savant anglais écrit à un ami : "On ne parle plus que de bicyclettes et de rayons X. C'est la folie du monde d'aujourd'hui."

La même année, deux physiciens, passionnés de découvertes, partent en voyage à bicyclette.

Voyage de noces à bicyclette

Le 25 juillet 1895, Pierre Curie, professeur de physique et chercheur français, épouse la Polonaise Marie Slodowska, licenciée en mathématiques et en physique. Tous deux enfourchent aussitôt leurs bicyclettes neuves pour une longue randonnée en Ile-de-France.

Dix ans plus tôt, un Anglais avait mis au point la bicyclette "Renver", et ce nouveau moyen de transport faisait déjà fureur. Il n'existait pas encore de modèle de dame. Les premières femmes cyclistes abandonnèrent donc leurs longues robes pour des jupes culottes.

Pour Marie Curie, une nouvelle vie commence ce jour-là, sur les chemins caillouteux d'Ile-de-France, aux côtés de Pierre, son mari.

Une certaine Marie Slodowska

Mais avant ce voyage de noces, Marie a déjà parcouru un long chemin.

Qui est-elle ? Elle le dit dans son livre sur Pierre Curie : "Mon nom est Marie Slodowska. Mon père et ma mère appartenaient à des familles polonaises et catholiques ; ils étaient tous deux professeurs d'enseignement secondaire à Varsovie (Pologne russe à cette époque). Je suis née à Varsovie et j'y ai fait mes études de lycée ; j'ai travaillé ensuite quelques années dans l'enseignement."

C'est clair et précis, comme les cahiers qu'elle tiendra dans son laboratoire de chercheuse. On peut ajouter que Marie est née le 7 novembre 1867. Elle avait trois sœurs et un frère. Une famille moyenne : en Pologne, cinq enfants, ce n'est pas beaucoup.

L' EUROPE EN 1914

LA POLOGNE AU TEMPS DE MARIE CURIE

L'histoire de la Pologne est une succession de combats, de guerres et de conquêtes par les pays voisins. En 1815, la Pologne n'existe plus : la Prusse, l'Autriche et la Russie se sont partagé le pays. La capitale, Varsovie, est soumise aux occupants russes.

1830, 1846, 1848, 1863 : ces années-là, les Polonais se soulèvent violemment contre la domination étrangère. Entre deux révoltes, ils résistent : ils lisent les livres polonais interdits, ils font partie de sociétés secrètes...

Après la guerre de 1914-1918 cependant, la Pologne devient indépendante.

Première médaille

Des prix, des médailles et des récompenses, Marie Curie en recevra beaucoup, dès sa jeunesse. Contrairement à Pierre Curie qui n'aimait pas l'école, Marie Slodowska était une "bonne élève".

En cette fin du XIXᵉ siècle, les lycées polonais portent le nom de gymnases. Au gymnase du faubourg de Cracovie où Marie étudie, les principaux professeurs sont russes. La jeune fille apprend que la Pologne n'est qu'une province de l'empire russe et qu'en classe, elle doit parler une langue étrangère. Elle n'aime que ses professeurs de mathématiques et de sciences naturelles : deux Polonais...

Le 12 juin 1833, la troisième médaille d'or entre dans la maison des Slodowski. Marie, comme son frère Joseph et sa sœur Bronia, reçoit le diplôme de fin d'études secondaires. Elle a seize ans.

Le train Varsovie-Paris

À la sortie du gymnase, Marie n'a pas le choix. Son père, bientôt à la retraite, ne peut plus entretenir toute sa famille. Les enfants vont devoir travailler immédiatement pour vivre. Marie donne des leçons particulières. Comme son frère, étudiant en médecine, elle aimerait entrer à l'université, mais les Russes l'ont interdite aux femmes. Bronia, sa sœur aînée, qui veut suivre des cours de médecine, a dû quitter son pays et s'est installée à Paris.

Marie accepte alors un poste d'institutrice dans une famille, à la campagne. Pendant ses heures de loisirs, elle apprend en cachette aux jeunes paysans à lire le polonais. Elle a emporté de Varsovie quelques livres de chimie et de mathématiques : comme le reste de la famille, elle choisit d'étudier les sciences, mais seule, et pendant trois ans...

En 1890, sa sœur lui écrit : "Si tu réunis quelques centaines de roubles cette année, tu pourras l'an prochain venir à Paris. Tu pourras habiter chez nous."

Marie rassemble ses économies, hésite à laisser son père seul à Varsovie, refait ses comptes et finalement... se décide pour le grand départ.

Dans le compartiment de troisième classe du train Varsovie-Paris, Marie Slodowska est heureuse. Elle a vingt-quatre ans et va pouvoir enfin réaliser son rêve : poursuivre des études scientifiques à la Sorbonne.

Elle espère que ses connaissances en langue française seront suffisantes... que sa sœur Bronia a reçu sa malle et son matelas... car il s'agit de ne dépenser qu'un minimum d'argent. Pourvu que Bronia soit là !

Paris, 1891, la Sorbonne

Marie arrive gare du Nord. La voilà à Paris ! Paris qui vient de fêter le centenaire de la Révolution française et de construire la tour Eiffel. Marie se réjouit de vivre dans ce pays qui, cent ans plus tôt, luttait pour la liberté, l'égalité et la fraternité.

Sur le toit de l'omnibus tiré par deux chevaux – l'"impériale", comme disent les Français –, la jeune Polonaise se sent libre. L'omnibus traverse la Seine. Elle se penche pour regarder les bateaux. Il paraît que l'hiver dernier, les Parisiens traversaient le fleuve à pied : la Seine était entièrement prise par les glaces !

Marie descend boulevard Saint-Michel et se précipite à l'université. Quel chantier ! La Sorbonne est en effet en reconstruction depuis plus de dix ans.

Cela ne l'empêche pas de s'inscrire quelques jours plus tard au cours de licence.

11

Entre sa chambre sous les toits, les cours de physique à l'université et la bibliothèque Sainte-Geneviève, Marie ne va pas lever le nez de son travail pendant trois ans.

Été 1893 : elle est reçue première à la licence de physique. Été 1984 : elle est licenciée en mathématiques, deuxième sur la liste des reçus.

Bien sûr, elle n'est pas la première jeune fille à s'inscrire à un cours de licence, mais les femmes ne sont pas encore très nombreuses sur les bancs de l'université parisienne. Une université si célèbre que, depuis plusieurs siècles, des étrangers viennent y étudier, avec seulement quelques sous en poche.

Rencontre avec un physicien

Marie est décidée à rentrer en Pologne avec ses diplômes, quand elle rencontre un physicien, Pierre Curie. Il a trente-cinq ans. Ses travaux l'ont déjà rendu célèbre à l'étranger.

Pourtant, lorsqu'il était enfant, Pierre n'aimait pas l'école. Son père et un professeur de mathématiques lui ont donné des cours particuliers à la maison. À seize ans, il réussissait son baccalauréat ; à dix-huit ans, il était licencié.

Aussitôt, le "mauvais élève" entreprend des recherches sur les cristaux, à la Sorbonne. En 1882, à vingt-trois ans, il est chef de travaux à l'École de Physique et de Chimie de la Ville de Paris : c'est lui qui prépare et organise les expériences pratiques des étudiants. Il vient de publier le résultat de ses travaux sur le magnétisme.

Pierre Curie travaille dans un laboratoire. Marie aimerait mieux connaître les propriétés de certains métaux. Ensemble, ils parlent de sciences et se comprennent.

Marie part en vacances en Pologne. Pierre lui écrit. Elle revient en octobre 1894, pour continuer ses études. Mais aussi pour l'épouser, l'année suivante.

Ra = 225,93

Un peu avant 1900, des physiciens se sont passionnés pour d'étranges phénomènes : certains éléments éclairent, chauffent, produisent de l'électricité naturellement.

En 1895, Röntgen découvre les rayons X. En 1896, Henri Becquerel découvre les radiations de l'uranium.

Cette même année, Marie Curie, enthousiasmée, décide d'observer ces rayons de plus près. Elle vient d'être reçue à l'agrégation, un concours difficile qu'elle a réussi brillamment, et elle va préparer sa thèse de doctorat dont le sujet sera précisément les radiations de l'uranium.

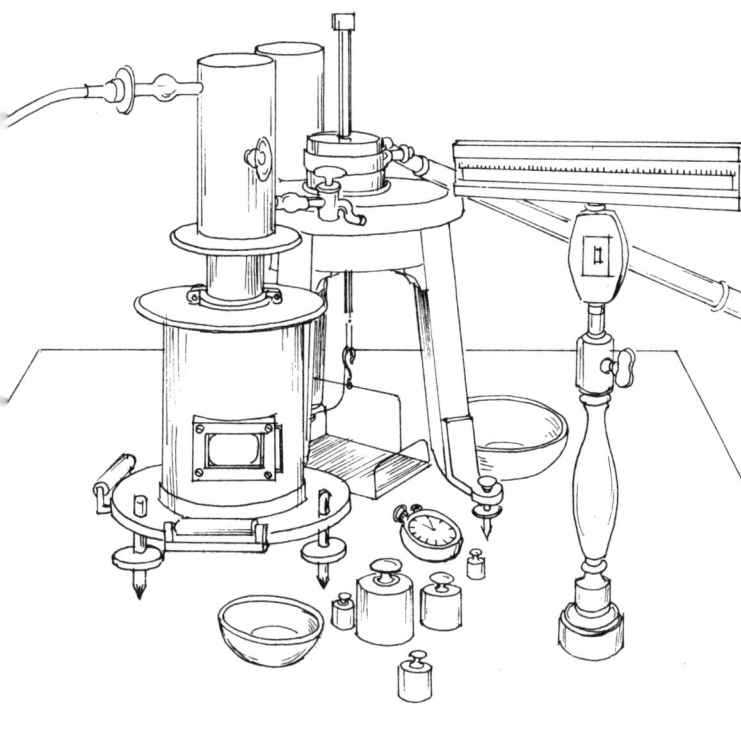

LES ÉLÉMENTS

Le fer, l'oxygène ou l'aluminium sont des éléments ou corps simples. Ce sont des matériaux qui constituent l'univers. Dans la nature, on ne les trouve que rarement à l'état pur. Ils sont le plus souvent mêlés à d'autres éléments et forment des corps composés. C'est ainsi que l'oxygène se combine à l'hydrogène pour constituer l'eau que nous buvons. Quant au bois, pour prendre un autre exemple, il se compose notamment de carbone, d'oxygène, d'hydrogène et d'azote. On connaît aujourd'hui 106 éléments naturels ou obtenus artificiellement. Mais au XVIIIe siècle, le savant Lavoisier n'en dénombrait que 33.

Un coin de laboratoire

Pierre Curie, maintenant professeur à l'École de Physique et de Chimie, obtient de son directeur une salle où s'entassent de vieilles machines : ce sera le laboratoire. Il y installe les appareils qu'il a inventés et qui seront nécessaires aux mesures de Marie.

Premiers résultats : tous les échantillons contenant de l'uranium produisent, comme prévu, des rayonnements. Et plus ils contiennent d'uranium pur, plus les radiations émises sont importantes.

Marie emprunte alors la collection de minerais de l'École. Et des amis lui donnent ceux qui lui manquent. Un à un, elle les place dans ses appareils : elle recherche si des éléments autres que l'uranium émettent les mêmes radiations. Et elle découvre avec une rapidité exceptionnelle les rayons du thorium.

LA RADIOACTIVITÉ

Certains éléments se transforment naturellement en d'autres éléments, tout en émettant des radiations. Ce sont ces rayonnements qui ont permis à Marie Curie de découvrir que l'uranium n'était pas le seul élément radioactif. Elle appela ces éléments des radioéléments, et donna un nom au phénomène : la radioactivité.

Depuis, les physiciens ont conservé ce vocabulaire. Vous trouverez ces mots expliqués pages 68 et 69.

Des éléments inconnus

Pour la vingtième fois, Marie recommence la même mesure... Incroyable ! Les minerais de pechblende – des cailloux qui ne contiennent que des traces d'uranium – ont des radiations beaucoup plus importantes que l'uranium pur.

Pierre vient aider sa femme. Ensemble, ils font à nouveau l'expérience : la force et l'intensité des radiations sont surprenantes. Y a-t-il un autre élément caché dans la pechblende ? Un élément ignoré jusque-là ?

Marie fait connaître la nouvelle à l'Académie des Sciences et poursuit inlassablement ses observations. Et en 1898, ce n'est pas un, mais deux éléments jusqu'alors inconnus qu'elle découvre ! Elle les appelle le polonium et le radium.

Aussitôt, Pierre Curie abandonne ses propres recherches sur les cristaux pour poursuivre avec sa femme les travaux sur le radium.

À la recherche du radium

Le radium existe donc. Mais personne ne l'a encore "vu". Marie Curie veut pouvoir le montrer, elle veut apporter la preuve scientifique de ce qu'elle dit.

Comme un chercheur d'or, qui passe au tamis les sables d'une rivière, elle va travailler des jours et des jours, dans l'espoir de trouver seulement quelques grammes de radium. Mais elle ne part pas au hasard. Elle sait où le découvrir.

Le nouvel élément est là, dissimulé dans le gros bloc de pechblende posé sur la table du laboratoire. Pour le découvrir, il faudra l'isoler. Il s'agit d'un long et patient travail de chimiste, que Marie connaît bien.

"Pour isoler une quantité intéressante de radium, il me faudrait plusieurs centaines de kilos de minerai !" pense-t-elle.

La solution est peut-être trouvée un soir, chez les Curie. Des amis physiciens et chimistes les entourent. La discussion est animée.

– Puisque l'uranium ne vous intéresse pas, dit quelqu'un, procurez-vous seulement les résidus de pechblende.

– Mais les mines les plus proches sont en Bohême !

– J'ai un ami autrichien, je vais lui écrire...

Quelques mois plus tard, le savant autrichien annonce que son gouvernement est prêt à envoyer gratuitement 1 000 kilos de résidus de pechblende à M. et Mme Curie pour leurs expériences. À quelle adresse doivent-ils être expédiés ?

Un vieux hangar

Pour stocker et traiter de telles quantités de minerai, il faut un minimum de place. Le directeur de l'École de Physique et de Chimie prête aux Curie un hangar.

Et un jour d'avril 1899, les sacs de pechblende arrivent dans une charrette tirée par quatre chevaux. Ce que Marie attend impatiemment depuis des mois est enfin là. Elle plonge les mains dans un sac... et n'en retire que de la poussière et des cailloux bruns.

Aussitôt, les sacs sont rangés sous le hangar. Quelques tables, deux ou trois chaises, un tableau noir, des fourneaux, un chaudron et des bols ont été récupérés pour meubler le "laboratoire". On va pouvoir se lancer à la recherche du radium.

Un travail de tous les instants

Marie commence à trier le minerai. Elle enlève la terre et les aiguilles de pin de la forêt de Bohême, pile les plus gros cailloux... Le minerai, une fois réduit en poudre, est attaqué aux acides. Le résidu, mélangé au carbonate, est alors prêt pour la fusion. Un chaudron en fonte est vite rempli : 20 kilos à filtrer et à recueillir. Puis le mélange est traité à l'alcool... Mais la quantité de produit obtenu est si petite, presque invisible, qu'un autre chaudron doit être aussitôt préparé.

Pendant qu'en Bohême, des dizaines d'ouvriers isolent l'uranium dans une usine bien équipée, Marie, souvent seule dans son atelier, travaille avec autant d'acharnement pour isoler le radium.

Le sel de radium

Qu'il pleuve ou qu'il neige, Marie laisse les fenêtres grandes ouvertes : certains produits chimiques dégagent des gaz dangereux.

"6 °C", note-t-elle, indignée, dans son carnet. Et pourtant, elle continue patiemment ses expérimentations, manie les tubes et les cristallisoirs. Sur les étagères, la solution se transforme peu à peu en sel de radium.

Un soir, Pierre et Marie retournent au laboratoire. Ils savent que l'expérience touche à sa fin. Leur fille Ève raconte leur émerveillement : "Dans le hangar, sombre, les précieuses parcelles... phosphorescentes, bleuâtres, brillaient suspendues dans la nuit..."

La méthode pour isoler le radium était au point.

Des calculs difficiles

Tout Paris souffre de la chaleur de l'été. Et sous le toit de verre du laboratoire, le thermomètre monte : 38 °C, 39 °C, 40 °C...

Dans leur carnet, les Curie multiplient les calculs et finissent par donner au radium une masse atomique : 174. Mais, à côté de ce chiffre, Marie écrit : "C'est impossible." Vérifications faites, le résultat est faux, archi-faux.

LA MASSE ATOMIQUE

On a attribué à chaque élément, ou corps simple, comme le fer, l'oxygène, l'aluminium, etc., un nombre qui le caractérise, appelé masse atomique. Ce nombre permet de situer chaque corps simple l'un par rapport à l'autre. Si on admet, par convention, une masse atomique de 12 pour le carbone, on obtient 27 pour l'aluminium, 56 pour le fer, et ainsi de suite.

Marie et Pierre devront recommencer leurs calculs et leurs expériences, mais après des vacances en Pologne.

Comme les autres scientifiques, les Curie publient régulièrement des notes et des articles sur leurs recherches. Les savants du monde entier n'ignorent bientôt plus que les deux chercheurs ont découvert un nouvel élément : le radium. Des lettres viennent d'Angleterre, d'Amérique. Marie envoie des échantillons. Des petits tubes de verre, protégés par du plomb, arrivent dans des laboratoires bien installés. Là, chimistes et physiciens étudient avec passion ce nouveau phénomène : la radioactivité. Car Marie Curie a constitué la première et la seule réserve de radium existant au monde, la première source de radioactivité suffisante et nécessaire aux recherches.

Quatre ans de patience

Au cours des quatre années 1899, 1900, 1901, 1902, 8 tonnes (8 000 kg !) de pechblende sont traitées. Aujourd'hui encore, 10 000 kg suffisent à peine pour fournir 3 grammes de radium.

Enfin, sur le carnet d'expériences, une nouvelle masse atomique s'inscrit : 225,93. Cette fois, le nombre est exact. C'est la preuve que le nouvel élément existe. Tous les physiciens et les chimistes peuvent le vérifier. La découverte du radium est désormais officielle.

Depuis quelque temps déjà, Pierre et Marie Curie en étudient les caractéristiques et l'utilité. Et dès 1903, à l'hôpital Saint-Louis, des médecins commencent à utiliser les effets du radium pour soigner certains cancers de la peau.

Le 25 juin 1903

Dans une petite salle de l'université de la Sorbonne, Marie Slodowska-Curie soutient sa thèse de doctorat. Aucune hésitation, pas d'erreurs, elle connaît parfaitement son sujet : "Recherches sur les substances radioactives". Elle reçoit la mention "très honorable". Au fond de la salle, sa sœur Bronia, venue tout spécialement de Pologne, Pierre et le docteur Eugène Curie éclatent de joie. Marie est la première femme docteur ès sciences physiques. D'autres femmes pourront désormais suivre le même chemin.

Le succès et la gloire

La folie du radium

Le 10 décembre 1903, les journaux publient la nouvelle : "Deux savants français ont été choisis, parmi tous les hommes du monde entier, pour recevoir le prix Nobel ! Et une femme, une femme a découvert le radium : on dit que les médecins pourront l'utiliser pour traiter le cancer !"

LE PRIX NOBEL

Le savant suédois Alfred Nobel légua à sa mort, en 1896, une importante fortune au gouvernement de son pays. Il voulait qu'elle serve à récompenser chaque année les meilleurs travaux en physique, chimie, médecine, littérature et en faveur de la Paix. Ce sont les académies de Stockholm qui décernent les prix et attribuent les récompenses.

Les journalistes se précipitent au laboratoire de Pierre et Marie Curie : une jeune femme qui consacre toute sa vie à la science, au fond d'une cour... Quel beau conte de Noël ! Quel bel article pour les lecteurs des journaux du mois de décembre 1903 !

La folie du radium gagne tout Paris.

Trop de publicité

La vie de Pierre et de Marie se trouve bouleversée. Les journalistes envahissent leur salle de travail, les poursuivent jusque dans leur maison.

– Est-il vrai que vous partez toujours en vacances à bicyclette ?

– Qui a fait la découverte, Mme ou M. Curie ?

– Comment s'appelle votre chat ?

La France entière connaît désormais leur laboratoire. Dans *L'Écho de Paris,* un journaliste écrit : "Derrière le Panthéon, dans une rue étroite, sombre et déserte... des manières de cabanes s'étendaient, longues, basses, vitrées, où j'apercevais des petites flammes droites et des instruments de verre aux formes variées..."

Pierre et Marie sont aussi célèbres que les chanteurs à la mode ou les hommes politiques. Mais s'ils sont sans cesse dérangés dans leur travail, du moins espèrent-ils que la gloire va leur permettre de disposer enfin d'un laboratoire convenable. Puisque tout le monde reconnaît l'importance et l'utilité de leur découverte, qu'attend-on pour les aider ?

Mais en guise de soutien efficace... ils ne reçoivent que des lettres et des demandes. Marie écrit à son frère Joseph : "Nous avons reçu... des poésies sur le radium, des lettres de divers inventeurs, des lettres de spirites, des lettres philosophiques. Hier, un Américain m'a écrit pour que je lui permette de donner mon nom à un cheval de course. Et puis, naturellement, il y a des centaines de demandes d'autographes et de photographies."

La célèbre Mme Curie

"La célèbre Mme Curie..." Les journalistes et la France entière n'appellent plus Marie autrement. Elle est tellement à la mode que l'on joue au cabaret une petite pièce dans laquelle on la voit rechercher le radium. Et des charlatans vendent des crèmes et des lotions merveilleuses "au radium" – qui ne contiennent pas un milligramme de radium, bien sûr.

Tout le monde veut voir et recevoir les Curie. Et Pierre se désole : "On nous demande des articles et des conférences... et quand plusieurs années se seront écoulées... l'on s'étonnera de voir que nous n'avons pas travaillé."

Les Curie ont beau être célèbres, ils n'ont toujours pas de laboratoire. Pierre a quand même été nommé professeur à la Sorbonne. Mais comment expliquer les expériences aux étudiants sans laboratoire ? Finalement, le gouvernement accorde quatre petites pièces, rue Cuvier.

Marie y sera chef de travaux. Elle poursuivra et dirigera les recherches aux côtés de Pierre. Ils quittent le hangar, sans trop de regret, en emportant tous les appareils de mesure.

Entre le laboratoire de la rue Cuvier, l'École de Sèvres où elle enseigne et sa maison, Marie mène une vie bien remplie.

MARIE CURIE À L'ÉCOLE DE SÈVRES

Près de Versailles, l'École normale de jeunes filles de Sèvres prépare depuis 1881 des professeurs pour les lycées de jeunes filles. De 1900 à 1906, Marie Curie y enseigne la physique. Elle met au point elle-même le contenu des cours et des exercices, et organise des travaux pratiques : pour apprendre la physique, ses élèves vérifient les lois de la nature en faisant de nombreuses expériences. Enfin, Marie fait augmenter le nombre des cours de mathématiques, indispensables à la compréhension des sciences physiques.

Dès que ses cours sont terminés ou le laboratoire fermé, Marie se précipite chez elle pour retrouver ses deux enfants. En cette année 1906, Irène a huit ans et Ève tout juste un an. Pendant la journée, une nourrice et leur grand-père, le docteur Eugène Curie, s'occupent d'elles. Marie les retrouve le soir avec joie, et ne reprend son travail qu'une fois les petites filles endormies.

Les joies et le malheur

Au début de leur mariage, Pierre et Marie parcouraient la France à bicyclette. Mais maintenant, avec les deux enfants, ils louent pour les vacances une maison au bord de la mer ou à la campagne.

En 1906, les Curie passent quelques jours dans la vallée de Chevreuse, près de Paris, pour les vacances de Pâques. Ils profitent pleinement de ces rares moments de repos avec leurs filles, et rentrent à Paris le 18 avril.

Le lendemain, c'est l'accident : Pierre meurt écrasé par une voiture tirée par deux chevaux. Marie se retrouve seule : seule pour s'occuper de ses deux enfants, seule au laboratoire, seule dans la vie de tous les jours.

"Un grand savant est mort !" Tous les journaux en parlent, et des lettres arrivent du monde entier... Désormais, les journalistes appellent Marie "la veuve illustre".

Professeur à la Sorbonne

L'université propose à Marie de reprendre la chaire de Pierre à la Sorbonne. Elle ne tarde pas à accepter. Et le 5 novembre 1906, la salle de cours est pleine à craquer : journalistes, photographes, étudiants, enseignants sont venus écouter la première femme professeur à la Sorbonne.

Pierre est mort il y a à peine six mois... Marie entre dans l'amphithéâtre et commence le cours là où son mari l'avait laissé, clairement, presque calmement.

Une ancienne élève de Sèvres raconte : "Nous venions de vivre une de ces heures qui comptent. Grâce à Marie Curie, la voie d'accès aux portes élevées de l'enseignement supérieur et de la recherche était ouverte aux femmes."

Pas de femme à l'Académie

Au laboratoire, les travaux se poursuivent sous la direction de Marie. Elle continue de mener une vie débordante d'activités. À la maison, le docteur Curie l'aide : il s'est définitivement installé auprès de ses petites-filles.

En 1910, Marie Curie dépose un échantillon de radium au Bureau des Poids et Mesures. Ce sera l'étalon de la radioactivité. Encouragée par des amis scientifiques, elle espère entrer à l'Académie des Sciences. Mais les Académiciens refusent de la compter au nombre de leurs membres. Pas de femme à l'Académie !

Les savants suédois, eux, reconnaissent la qualité de ses travaux. Ils lui accordent, pour la seconde fois, le prix Nobel, mais le prix de chimie cette fois, pour sa préparation du radium pur.

Deux grammes de radium

Marie Curie n'est donc pas entrée à l'Académie des Sciences. Dans certains articles de presse, on peut alors lire : "La France ne veut pas d'étrangers à l'Institut ni à la Sorbonne." Et Marie comprend : "À bas l'étrangère, la Polonaise."

Mais quand elle reçoit son second prix Nobel, tous les journaux s'en félicitent : "La France est fière de sa grande savante."

Et Marie se demande qui il faut croire.

Une maladie inconnue

En 1911, elle est gravement malade. À force de manipuler du radium dans son laboratoire, Marie se meurt doucement. Comme Pierre Curie, comme tous ceux qui sont en contact avec des substances radioactives, elle est dangereusement irradiée. À cette date, on ne sait pas que ces éléments doivent être maniés avec précaution. Et les systèmes de radioprotection ne sont pas au point. Dès la découverte, Henri Becquerel et Pierre Curie avaient observé que des brûlures dues aux rayonnements mettaient longtemps à cicatriser. Mais ils ignoraient que l'organisme humain ne peut plus se défendre s'il reçoit trop de rayons.

Marie architecte

Pendant un an, Marie va cesser de travailler. Loin du radium, elle reprend des forces. Après une longue convalescence à la campagne, un séjour en Angleterre, de grandes promenades dans les Alpes, et des vacances avec ses filles en Bretagne, elle reprend enfin ses multiples activités : Marie professeur à la Sorbonne, Marie chercheuse, Marie directrice de laboratoire, Marie architecte !

En effet, depuis quelques mois, rue Pierre Curie, s'édifient deux pavillons : l'Institut du radium sort de terre. Et chaque semaine, Marie vient surveiller de près la réalisation de son rêve.

La Sorbonne et l'Institut Pasteur ont décidé de construire ensemble un grand laboratoire moderne. Marie Curie dirigera la recherche en physique et chimie et le docteur Régaud la recherche médicale liée à la découverte du radium.

Marie veut un laboratoire doté de grandes salles claires et bien aérées. Elle plante elle-même des arbres et des fleurs. L'Institut doit être un hâvre de travail et de paix. Quelques jours après l'inauguration du pavillon Curie, l'Europe est en guerre : un terrible conflit qui va durer de 1914 à 1918.

Les travaux de Marie Curie sur le radium et les rayons radioactifs l'ont conduite à mieux connaître les rayons X. En effet, ceux-ci ressemblent à certains autres rayons radioactifs. Ce sont des ondes électromagnétiques de même nature que la lumière : une lumière qui ne se voit pas mais qui impressionne pourtant les plaques photographiques. En outre, ces rayons peuvent pénétrer à l'intérieur de la matière. Les médecins vont ainsi pouvoir obtenir des radiographies, c'est-à-dire enregistrer sur des plaques photographiques l'intérieur du corps humain.

LES SERVICES RADIOLOGIQUES 1914-1918

– *Un million cent mille radiographies effectuées entre 1917 et 1918.*

– *Vingt voitures radiologiques surnommées les "petites Curie".*

– *Deux cents postes fixes de radiologie créés dans les hôpitaux,*

– *...et des milliers de vies humaines sauvées, des balles et des éclats d'obus repérés et extraits avec moins de difficultés, grâce à la mise en place efficace des Services radiologiques.*

Dès la découverte des rayons X, des médecins avaient mis au point la radiologie. Mais en 1914, les services médicaux de l'armée française ignorent l'aide qu'elle pourrait leur apporter. Quelques semaines seulement après la déclaration de guerre, Marie Curie crée les premières voitures radiologiques : les soldats pourront être radiographiés dans les hôpitaux de campagne.

Quant au nouvel Institut du radium, qui n'a encore jamais servi, il voit défiler 150 jeunes femmes. Elles suivent en deux mois les cours de formation accélérée organisés par Marie. De cette école improvisée, elles sortiront infirmières-radiologues.

L'Institut du radium

11 novembre 1918. L'Allemagne signe l'armistice. La guerre est terminée. Comme des milliers de Parisiens en fête, Marie et ses filles crient leur joie dans les rues. Les Services radiologiques ont été bien menés ; à Paris, l'Institut du radium n'a pas été touché par les bombardements ; et la Pologne est libérée, autonome, ses nouvelles frontières ont été tracées et le premier gouvernement polonais organisé.

L'Institut est debout, mais il est vide. Marie va se battre pour obtenir de l'Université de quoi meubler les laboratoires, des appareils de recherche et des crédits indispensables pour payer les chercheurs.

Bientôt, de nombreux savants étrangers travaillent à l'Institut. En 1933, des étudiants et des scientifiques de dix-sept pays y sont accueillis. D'importantes découvertes font progresser la science de la radioactivité.

Pendant quinze ans, Marie dirige le laboratoire tout en poursuivant ses propres recherches. Elle obtient elle-même des matières radioactives rares.

Elle est souvent en rapport avec les grands centres de recherche étrangers. Ces échanges lui permettent d'enrichir sans cesse le cours de physique qu'elle donne à la Sorbonne jusqu'en 1933.

IRÈNE CURIE ET FRÉDÉRIC JOLIOT

Dès 1918, Irène Curie travaille aux côtés de sa mère à l'Institut du radium. Elle étudie certains rayons du polonium. En 1925, un jeune physicien, Frédéric Joliot, préparateur de Marie, participe aux recherches. L'année suivante, il épouse Irène. En 1934, ils reçoivent ensemble le prix Nobel de chimie.

Comme sa mère, Irène Joliot-Curie sera directrice de l'Institut du radium, comme elle, elle se verra refuser l'entrée à l'Académie des Sciences. En 1936, elle est Secrétaire d'État à la Recherche scientifique. Toute sa vie, elle défendra avec passion les droits des femmes.

Frédéric Joliot-Curie, lui, dirigera le Centre national de la Recherche scientifique. Il sera haut commissaire à l'Énergie atomique. Ce physicien luttera sans cesse pour la défense de la science, des droits de l'homme et de la paix dans le monde. Il mourra, ainsi que sa femme, d'une irradiation trop importante.

Un gramme pour la France

Quand un journaliste veut rencontrer Marie Curie, il obtient invariablement la même réponse : "Mme Curie ne reçoit que le mardi et le jeudi. Elle ne discute que de questions scientifiques."

Et pourtant, un matin de mai 1920, quelqu'un frappe à la porte du petit bureau de Marie Curie.

– Je m'appelle Marie Meloney. Je suis américaine. Je travaille pour un journal, le *Delineator*...

Marie Meloney est venue pour écouter le savant. Et Marie Curie, qui n'est généralement pas très bavarde, lui apprend que l'Amérique possède cinquante grammes de radium. Mais que la France n'en a qu'un, celui qu'elle a elle-même préparé avec Pierre. Pour le moment, il sert à la préparation d'ampoules de radon, nécessaires au traitement du cancer. D'ailleurs, son laboratoire manque d'appareils et...

Touchée par la sincérité de cette femme, Marie Meloney l'interrompt.

– Que souhaiteriez-vous posséder ?

– Un gramme de radium, voilà ce que je souhaiterais le plus, répond Marie.

– Les femmes américaines vont vous le donner ! Je vous le garantis.

Moins d'un an plus tard, la journaliste câblait à Marie : "Vous pouvez venir chercher votre radium, l'Amérique vous attend."

Elle avait remué ciel et terre, sollicité l'aide de riches Américaines, convaincu des associations féminines, organisé une immense campagne publicitaire.

Mai 1921 : Marie et ses filles débarquent à New York. Les quais sont noirs de monde. Les caméras tournent et les flashes des appareils photographiques crépitent. Quelques jours plus tard, Marie a le bras foulé : les poignées de mains ont été trop chaleureuses. Le programme des cérémonies et des fêtes est tellement chargé que Marie ne peut tenir le rythme : Irène et Ève reçoivent les médailles à sa place, écoutent les discours et visitent l'Amérique d'est en ouest.

Le président des États-Unis en personne remet à Mme Curie le gramme de radium offert par les femmes américaines : 50 kg de plomb entourent un gramme du précieux élément. Marie peut repartir. Mais avant, l'Amérique lui accorde encore pour 2 200 dollars d'autres métaux précieux,

7 000 dollars de récompenses diverses et 52 000 dollars recueillis pour la Fondation Curie.

La célébrité a apporté à Marie les moyens et les fonds nécessaires aux recherches. Elle s'en souviendra.

Un tour du monde

Et au cours des années suivantes, malgré sa fatigue croissante, Marie parcourt le monde. Les conférences succèdent aux congrès scientifiques. Remises de médailles, visites de laboratoires, cérémonies universitaires... Le monde l'acclame, elle est le symbole de la science nouvelle. Certains savants montrent de la mauvaise humeur devant cette gloire. Mais le Brésil, l'Italie, la Hollande, l'Angleterre, l'Espagne, la Tchécoslovaquie l'accueillent successivement.

En Pologne, Marie Slodowska-Curie pose la première pierre de l'Institut du radium. Sa sœur Bronia en sera la directrice.

Et en octobre 1929, nouveau départ pour l'Amérique. À New York, Marie reçoit du prési-

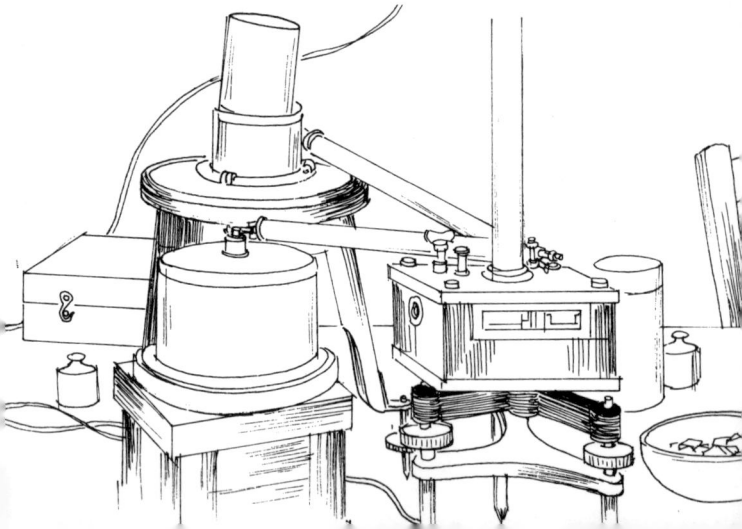

dent Hoover un gramme de radium... pour la Pologne cette fois.

L'état de santé de Marie s'aggrave. Elle ne voit presque plus. Mais elle continue d'aller tous les jours au laboratoire. Sa passion pour les sciences est aussi vivante que lorsqu'elle montait dans le train Varsovie-Paris.

Elle a encore le temps d'établir les plans définitifs de sa future maison de Sceaux.

Six semaines plus tard, le 4 juillet 1934, Marie meurt. D'après un rapport médical, sa santé s'était "probablement... altérée par une longue accumulation de rayonnements."

Marie Curie aujourd'hui

Marie Curie disparaît en 1934. Mais son histoire n'est pas terminée. J'ai rencontré des hommes et des femmes qui m'ont dit ce que représentait Marie Curie aujourd'hui. J'ai parcouru les rues où elle avait marché. J'ai vu les lieux où elle avait travaillé. J'ai lu des livres qui racontent sa vie et ses passions...

Question à un médecin

– Pourquoi Marie Curie ne s'est-elle pas méfiée du radium ?

– En isolant le radium, Marie Curie ne pouvait pas savoir que les éléments radioactifs émettaient des rayons dangereux. Aujourd'hui, pour manipuler une parcelle minuscule de radium pur, même pendant quelques secondes, on prend de multiples précautions. Marie Curie, elle, a touché le radium de ses mains, sans aucune protection. Elle a respiré et laissé son corps au milieu des radiations pendant des années. Ce qui est étonnant en fait, c'est qu'elle ait vécu jusqu'à soixante-six ans. Aujourd'hui encore, on prévient le lecteur qui consulte ses carnets d'expériences : ils sont radioactifs.

Pourtant, on sait que dès le début de ses recherches, elle avait les doigts abîmés par les matières radioactives. Dès 1903, comme son mari, elle ressent d'étranges fatigues. En 1920, elle écrit même à sa sœur : "Peut-être le radium est-il pour quelque chose dans ces troubles..."

Des centaines de personnes vont alors approcher le radium sans protection : des assistants de Marie, des chercheurs français et étrangers, des préparateurs et des médecins dans les hôpitaux, des ouvriers des usines d'extraction. Des milliers de personnes vont ainsi affaiblir ou détruire leur organisme. Alertés, certains laboratoires commenceront l'étude des dangers provoqués par les rayons et les gaz émis par les radioéléments.

Aujourd'hui, des appareils très précis détectent la présence de la radioactivité naturelle ou artificielle. Les matières radioactives sont stockées et manipulées dans des bâtiments complètement isolés de l'extérieur. Les hommes y disposent de moyens individuels de protection : ils portent des combinaisons étanches et des appareils respiratoires spéciaux. Mais en son temps, Marie Curie ne se méfiait pas du radium et, par conséquent, ne cherchait pas à s'en protéger.

Qu'est devenu l'Institut du radium ?

Au coin de la rue Saint-Jacques, à Paris, dans le Ve arrondissement, une plaque barrée : rue Pierre Curie, et juste en dessous, une autre : rue Pierre et Marie Curie.

Toute la voie est bordée de grandes constructions de brique et de pierre. Au numéro 11, une grille, et à gauche, sur un bâtiment, au-dessus d'une porte, une inscription : "Institut du radium-Pavillon Curie".

J'apprends que sont conservés ici le bureau de Marie, un laboratoire semblable à celui de 1918, et des appareils lui ayant appartenu ainsi qu'à son mari. Mais ce petit musée est très souvent fermé.

Je fais le tour de l'Institut. Les arbres semblent maintenant coincés dans les courettes et les bâtiments sont plus nombreux qu'au temps de Marie. Où sont passés les rosiers qu'elle aimait soigner ?

Malgré les trois mots profondément gravés dans la pierre, l'Institut du radium ne porte plus ce nom. Il a été réuni à la Fondation Curie pour former l'Institut Curie. Trois sections le constituent :

– La section de biologie et la section de physique et chimie ont remplacé l'ancien Institut du radium. Actuellement, 350 chercheurs travaillent toute l'année à Paris, à Orsay et à Arcueil. Ils s'occupent de recherche fondamentale. Comme au temps de Marie et d'Irène Curie, certains s'efforcent de toujours mieux connaître les propriétés de la radioactivité naturelle et artificielle. Des physiciens mettent au point de nouveaux appareils de mesure. D'autres collaborent de très près à la recherche médicale. En projet : la création de laboratoires permettant des contacts permanents entre les chercheurs et les médecins des trois sections de l'Institut Curie.

CONNAISSEZ-VOUS LES TRANSURANIENS ?

Ce sont les derniers éléments découverts. Ils n'existent pratiquement pas dans la nature. Pourtant, ils ont pu être obtenus et observés dans différents laboratoires. Ils sont tous radioactifs. Le neptunium 239, par exemple, se transforme en un autre élément au bout de 2 jours et 8 heures. Les chercheurs poursuivent leurs expériences sur ces nouveaux éléments.

– La section médicale et hospitalière a pris de l'importance depuis la création, en 1921, de la Fondation Curie. Ici, on examine les patients, on dépiste et diagnostique les maladies, on les traite à l'hôpital. On surveille aussi pendant plusieurs années l'évolution des affections. Un service spécial, unique en Europe, soigne les personnes irradiées ou contaminées par des produits radioactifs.

La section médicale effectue également des recherches. Elle étudie par exemple des substances anticancéreuses. Une collaboration et des échanges ont lieu fréquemment entre l'Institut et d'autres centres français ou étrangers. En projet : la construction d'un nouvel hôpital.

INSTITUT CURIE, SECTION MÉDICALE

1 hôpital de 183 lits
650 personnes y travaillent
80 000 consultations par an
350 000 examens médicaux par an.

Marya la Polonaise

Qui mieux qu'une Polonaise pouvait me parler de Marie Curie ?

– Pour nous, Marie Curie s'appelle Marya Slodowska. Elle est très célèbre en Pologne. À Varsovie, une plaque commémorative indique l'endroit

où elle est née. Dans un square se dresse sa statue. Et certains se rappellent l'inauguration de l'Institut du radium polonais que dirigeait sa sœur Bronia, Mme Dluska.

Dans son livre, Ève Curie raconte que lorsque les journaux français s'indignaient de la présence des étrangers en France, à l'Université, et écrivaient des articles contre Marie Curie, une délégation polonaise vint la voir à Paris. Henryk Sienkiewicz, le plus célèbre écrivain polonais de l'époque, lui adressait cet appel chaleureux : "Notre peuple t'admire, mais voudrait te voir travailler ici, dans ta ville natale. C'est le désir ardent de toute la nation. En te possédant à Varsovie, nous nous sentirons plus forts, nous relèverons nos têtes courbées sous le poids de tant de malheurs..." C'était en 1912 et la Pologne cherchait à rassembler les hommes et les femmes qui construiraient la nation polonaise.

Question à un physicien

Pourquoi Marie et Pierre Curie ont-ils eu un tel succès ? D'autres chercheurs font des découvertes extraordinaires et nous n'entendons jamais parler d'eux. C'est à un chercheur en sciences physiques que j'ai posé la question : la découverte de Marie et Pierre Curie est-elle vraiment exceptionnelle ?

– Faire une découverte scientifique, c'est toujours un peu avoir de la chance. Mais c'est surtout grâce à son esprit d'observation et de méthode que Marie a trouvé les rayons radioactifs du thorium et du radium. Avec son mari, elle a choisi d'étudier le phénomène de la radioactivité, et les premiers résultats ont été un événement exceptionnel.

D'autres physiciens se sont mis au travail en même temps ou à la suite de Marie et Pierre Curie : par exemple, en Angleterre, Rutherford et Soddy démontrent que tous les radioéléments se transforment spontanément. Au même moment, un physicien, lord Kelvin, affirme que le radium n'est qu'un composé du plomb, pas un nouvel élément. La découverte de la radioactivité révolutionnait toute la science physique, et les plus anciens s'y habituaient difficilement. Grâce aux premières recherches de Becquerel, des Curie, de Rutherford... et de leurs associés, une nouvelle branche de la physique allait naître. On l'appelle aujourd'hui la physique nucléaire.

En 1903, Pierre et Marie Curie se doutaient déjà que la radioactivité bouleverserait le monde. Quand ils reçoivent le prix Nobel, Pierre fait un discours et ne le cache pas : "On peut concevoir que dans des mains criminelles, le radium puisse devenir dangereux..." Il ne savait pas encore que la science de la radioactivité aboutirait à une fabuleuse découverte : l'énergie nucléaire. Et pourtant, il avait raison d'y penser. En effet, en août 1945, les villes japonaises d'Hiroshima et de Nagasaki sont détruites par des bombes atomiques. La première application de l'énergie nucléaire trouvée par les hommes était une bombe extrêmement puissante ! Mais depuis, les recherches sur les substances radioactives ont permis de grandes victoires dans bien d'autres domaines.

Aujourd'hui, les applications de la radioactivité sont tellement nombreuses et diversifiées qu'il est difficile de toutes les citer. La plus importante est celle de la production d'électricité dans les centrales thermonucléaires.

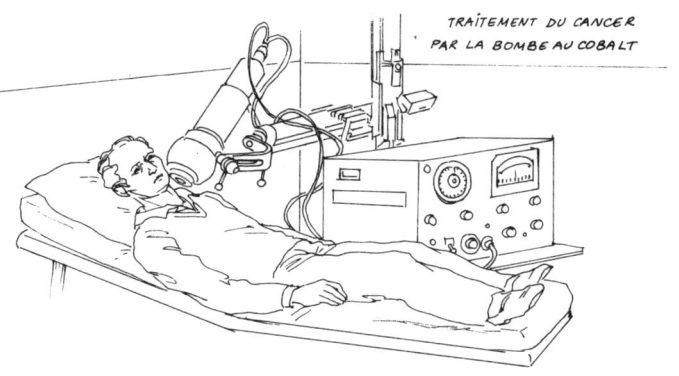

TRAITEMENT DU CANCER PAR LA BOMBE AU COBALT

Palais de la Découverte, salle de physique nucléaire

En me promenant au Palais de la Découverte, à Paris, j'ai appris que Jean Perrin, vieil ami de toujours des Curie, créa ce musée en 1937 et en dirigea les activités.

En salle de physique nucléaire, les explications concernant les radioéléments sont étonnantes :

– Savez-vous que les pommes de terre traitées dans une chambre d'irradiation ne produisent plus de germes et peuvent donc se conserver plus longtemps ?

– Connaissez-vous les traceurs radioactifs ? Ce sont des corps radioactifs émettant des particules qui peuvent être facilement repérées au moyen de compteurs ou de photographies.

Ainsi, immergés dans un port, ils permettent de suivre les déplacements naturels des sables et d'éviter l'ensablement.

D'autres, envoyés dans des canalisations profondément enterrées, aident à localiser des fuites.

– Quant aux réacteurs nucléaires, ils assurent généralement la production de radioéléments utiles aussi en médecine. Actuellement, de nombreuses maladies sont traitées grâce aux rayonnements de substances radioactives.

Femmes sans frontières

En 1981 a paru dans un hebdomadaire une série d'articles consacrés aux "Femmes sans frontières". Et parmi elles, Marie Curie. Ces personnages exceptionnels étaient ainsi présentés : "Des femmes différentes ? Oui, mais toutes femmes de lucidité et de liberté, de courage et d'action, de générosité et de création."

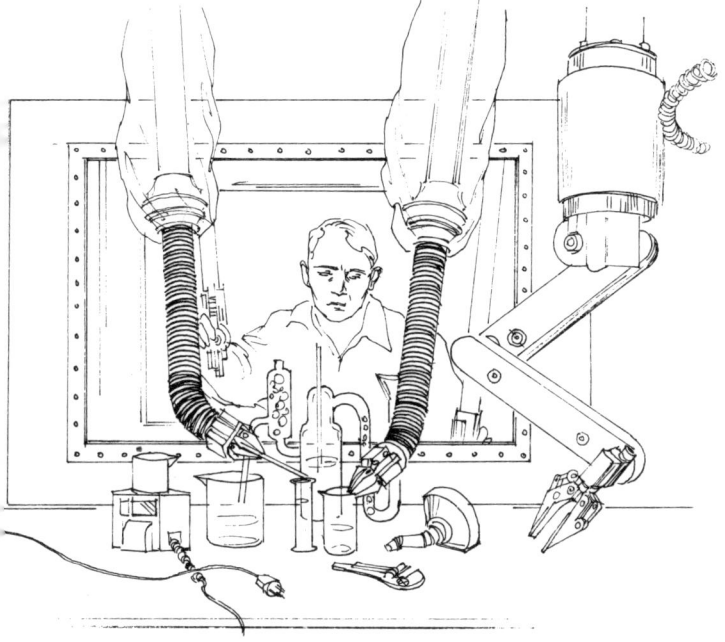

AUJOURD'HUI, LE TÉLÉMANIPULATEUR REPRODUIT LES GESTES. L'HOMME PEUT AINSI INTERVENIR DANS LES ENDROITS DANGEREUX SANS S'EXPOSER LUI-MÊME À DES RADIATIONS.

Des mots à connaître

Actinium : élément radioactif découvert en 1899 par Debierne.

Attaquer aux acides : opération chimique consistant à "ronger" certains éléments métalliques pour n'en conserver que d'autres.

Carbonate : Substance chimique de la famille du carbone. Mélangé à des minerais et élevé à haute température, il permet d'isoler les métaux.

Cristallisoir : récipient en verre dans lequel un corps généralement liquide passe à l'état de cristaux.

Cristaux : on trouve dans la nature un certain nombre de cristaux. Ce sont des solides, comme le sel (que les chimistes appellent chlorure de sodium), limités naturellement par des facettes. Certains cristaux sont reproduits par des méthodes chimiques.

Fusion : opération qui consiste à chauffer à haute température des métaux pour les amener à l'état liquide.

Isoler : séparer un élément des autres éléments auquel il est mêlé.

Magnétisme : science qui a pour objet l'étude des aimants et des zones ou "champs magnétiques", naturels ou artificiels, qui possèdent les mêmes propriétés.

Minerais : les minerais qui existent naturellement dans la terre sont récoltés pour en extraire des minéraux utiles : le fer, le cuivre ou le plomb, par exemple.

Pechblende : minerai de couleur gris-noir dont on extrait l'uranium depuis le XIXᵉ siècle.

Polonium : élément radioactif. Marie Curie dut abandonner ses recherches sur ce nouvel élément, beaucoup plus difficile à isoler que le radium.

Radiations, rayonnements, rayons : les physiciens ont appelé rayons, radiations et rayonnements des phénomènes comparables aux rayons de lumière. Les mêmes termes ont ensuite été employés pour la radioactivité.

Radioactivité artificielle : Irène et Frédéric Joliot-Curie ont les premiers "fabriqué" des éléments radioactifs qui n'existent pas dans la nature. Le phénomène a pris le nom de radioactivité artificielle.

Radiographie : enregistrement photographique de la structure interne d'un corps traversé par des rayons X.

Radiologie : science qui traite de l'étude et des applications des rayons X, par exemple la radiographie.

Radium : élément métallique rare et radioactif. Ses effets chimiques, électriques et biologiques ont d'abord été étudiés par Marie et Pierre Curie.

Radon : élément radioactif naturel gazeux produit par le radium, le thorium et l'actinium.

Rayons X : ces rayons, de même nature que les rayons lumineux, permettent de voir la structure interne (le squelette, par exemple) d'un corps.

Sel de radium : substance chimique dont l'aspect est celui des cristaux. Le principal élément qui le compose est le radium.

Solution : liquide contenant un solide dissous.

Traiter : pour les chimistes, c'est mélanger ou soumettre un produit à d'autres produits pour étudier les réactions ou obtenir des éléments.

Thorium : élément radioactif métallique gris.

Uranium : élément radioactif et métallique de couleur grise. Dans les minerais, il est toujours accompagné du radium.

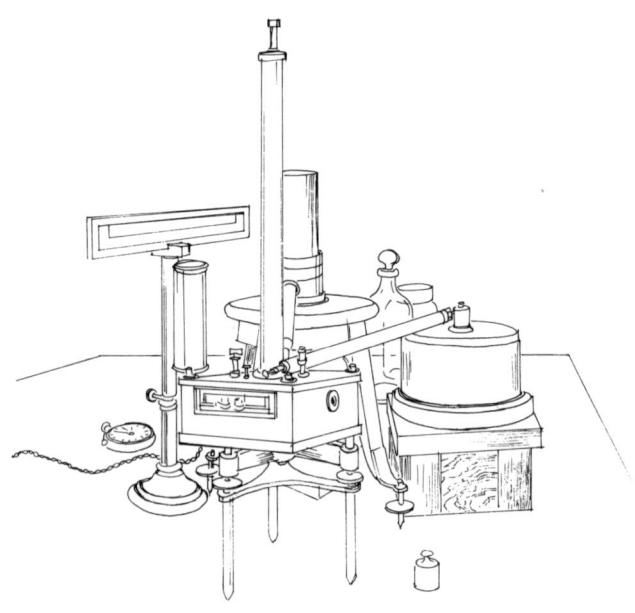

Sur les traces de Marie Curie...

– Si vous voulez connaître plus en détail la vie de Marie Curie, lisez le gros livre écrit par sa fille, Ève Curie : *Madame Curie,* Gallimard, Paris, 1938.

– La physique nucléaire et la radioactivité vous passionnent ? Allez au Palais de la Découverte, en salle de physique nucléaire, avenue Franklin D. Roosevelt, 75008, Paris, tél. : 359.18.21. Ouvert tous les jours de 10 heures à 18 heures, sauf le lundi.

– Pour approfondir certains sujets, consultez les petits livrets de la Bibliothèque de Travail :
  • L'énergie nucléaire, BT2, n° 83.
  • Enquête sur le cancer, BT, nos 753 et 755.

– Peut-être pourriez-vous organiser avec un groupe d'amis une visite au musée de l'ancien Institut du radium, 11, rue Pierre et Marie Curie, 75005, Paris, ou dans un laboratoire pharmaceutique si quelqu'un de votre famille y travaille. Prenez rendez-vous, préparez bien vos questions et faites votre enquête.

– Si vous avez beaucoup de chance, vous verrez peut-être un jour affiché au programme d'une cinémathèque un film de 1943, *Madame Curie,* du réalisateur américain Mervyn LeRoy.

– Enfin, pensez-y. En 1984, nous fêterons le cinquantenaire de la découverte de la radioactivité artificielle par Irène et Frédéric Joliot-Curie, mais aussi celui de la mort de Marie Curie. Ne manquez pas les expositions, les articles de journaux... et toutes les manifestations qui auront lieu dans votre ville.

De nombreux autres
MONDE EN POCHE/NATHAN
sont en préparation

LE DOSSIER

*Vous trouverez dans ces pages
des documents.
Vous pouvez les découper, soigneusement,
sans abîmer votre livre.
Vous aurez ainsi des vignettes
qui vous permettront d'illustrer un cahier,
un exposé,
un panneau pour la classe
ou votre chambre...*

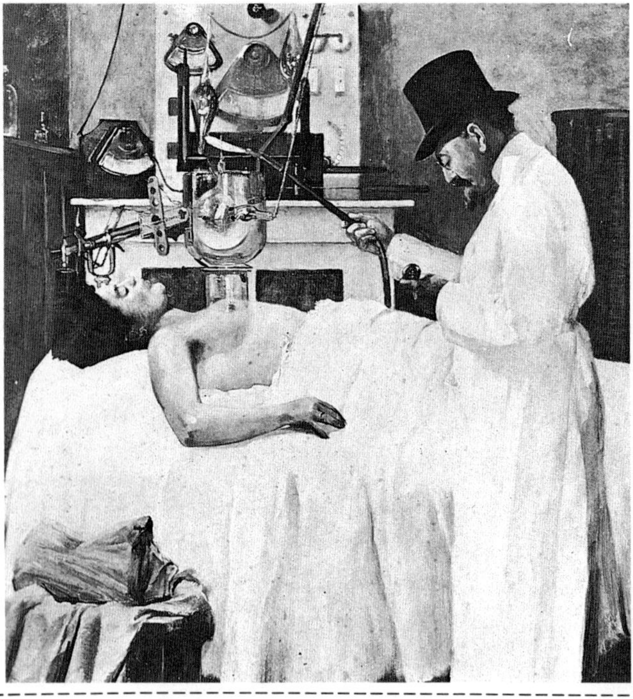

3

4

Si vous découpez ce dossier, commencez par relever les numéros des illustrations... et recopiez sur une feuille ces légendes. Vous saurez ainsi à quoi correspond chaque vignette.

1. Marie Curie à bord d'une "petite Curie", une voiture radiologique de la guerre de 1914-1918 (voir pages 48 et 49 du livre).

2. La radioactivité va connaître assez rapidement des applications médicales. Sur ce tableau, qui date de 1908, les rayons X sont utilisés dans le traitement du cancer.

3. Pierre et Marie Curie aimaient l'un et l'autre les randonnées à bicyclette (voir pages 4 et 5 du livre). Au début du XXe siècle, cette machine, très récente, connaissait déjà une immense popularité.

4. Cette maquette reconstitue le premier
   laboratoire de Marie Curie.

5. La pechblende : le minerai dont Marie Curie
   saura extraire le radium
   (voir pages 20 et suivantes du livre).

6. La famille Curie, avec des amis, en 1902.

7. En 1921, Marie Curie vient pour la première fois
   aux États-Unis.
   Elle est célèbre dans le monde entier
   et son arrivée en Amérique
   est un véritable événement
   (voir page 54 du livre).

8. Ces instruments du laboratoire des Curie
   nous paraissent bien vieux déjà.
   Pourtant, grâce à un matériel de ce type,
   les chercheurs du début du siècle
   ont su faire
   de grandes découvertes scientifiques.

5

6

7

8

Références photographiques

Documents fournis par l'Institut du Radium Pierre et Marie Curie.

Imprimé en France
Août 1983
par l'Imprimerie AUBIN - 86000 POITIERS
(P 11601)
Dépôt légal, Août 1983
N° d'éditeur X 34188